Teil 3
Liebe

2

Was folgt aus dem Satz «Alles ist EINS»?

Das LOL^{2}A-Prinzip®

Frage 2 — Der Lola-Minikurs

«Wenn alles EINS ist, dann sind die Konsequenzen dramatisch:
Wir kämpfen immer gegen uns selbst und gegen alles, wenn wir gegen einen anderen kämpfen.
Was immer ich einem anderen antue, ich tue es mir an und: ich tue es dem Leben an!!!
Es gibt keine Wertunterschiede! Wenn alles EINS ist, dann ist alles gleichwertig.
Alles hat den Wert des Lebens. **Alles ist unvorstellbar wertvoll.**
Wenn alles EINS ist, so ist logischerweise jeder Mensch viel viel wichtiger als wir jemals gedacht haben. Was ein einzelner Mensch denkt, beeinflußt das Ganze.
Wenn alles EINS ist, so kommuniziert alles mit allem; jede Information im Kosmos ist an jedem Punkt im Kosmos zugänglich. (Da wir uns aber permanent vom Leben trennen, trennen wir uns auch von diesen Informationen.)
Wenn alles EINS ist, so ist grundsätzlich jeder Mensch auch EINS mit dem Überfluß des Lebens. Wer Mangel leidet, hat sich vom Leben getrennt.
Ein Mangel an Respekt/Wertschätzung einem Menschen oder einer Sache gegenüber bedeutet letztlich ein Mangel an Respekt/Wertschätzung allem gegenüber!!! Da ja alles EINS ist ...»

Oktober 1997

Teil 3
Liebe

1

Was ist Liebe?

«Es gibt wohl kaum ein Wort, das zu größeren Mißverständnissen geführt hat als das Wort Liebe.
Wenn wir im Zusammenhang mit dem LOL^{2}A-Prinzip von «Liebe» sprechen, dann meinen wir immer die **bedingungslose Liebe**. Es gibt ja auch die bedingte Liebe (normalerweise denken die Menschen an die bedingte Liebe, wenn sie das Wort Liebe hören).

Das Wort «bedingungslos» deutet darauf hin, daß diese Liebe nicht urteilen kann. Oder anders ausgedrückt: **die bedingungslose Liebe kann nicht in Gut und Böse trennen!** Wo in Gut und Böse getrennt wird, kann es sich folglich niemals um bedingungslose Liebe handeln.

Bedingungslose Liebe ist die Idee der Einheit im Gegensatz zur Idee der Trennung.
Die Idee der Trennung führt zu Konflikten.
Bedingungslose Liebe ist somit der Extremzustand der Konfliktlosigkeit. Mit anderen Worten: bedingungslose Liebe ist Supraleitung im menschlichen Leben. Supraleitung in der Physik ist der Zustand, wo alle Widerstände in den Leitungen eliminiert sind. Dies ist ein unglaublich ökonomischer Zustand.
Bedingungslose Liebe ist Physik (Widerstandslosigkeit) und Ökonomie in Reinkultur.
Es gibt nichts Ökonomischeres als die Liebe!»

Oktober 1997

Teil 3
Liebe

3

Was ist die Voraussetzung für bedingungslose Liebe?

Das LOL²A-Prinzip®

Frage 3

«Es gibt zwei unabdingbare Voraussetzungen, um die bedingungslose Liebe im eigenen Leben umsetzen zu können:

1. Die Übernahme der totalen Verantwortung für alles, was uns geschieht. (Thema Aktion = Reaktion). Das ist die Voraussetzung dafür, daß einem anderen Menschen nicht der leiseste Vorwurf gemacht wird. (Ein Vorwurf sowie auch die Idee der Verzeihung stehen der bedingungslosen LIEBE entgegen.)
2. Akzeptieren des IST-Zustandes. (Thema Loslassen). Wer das was IST nicht akzeptieren kann, der braucht sich gar nicht erst mit dem Thema Liebe zu befassen.

Ohne die Teile 1 und 2 des LOL^{2}A-Prinzips wird die Umsetzung der bedingungslosen Liebe nicht gelingen. Auch die drei Teile des LOLA-Prinzips sind EINS.»

Oktober 1997

Teil 2
Loslassen

13

Weshalb macht es Sinn, alles was IST zu akzeptieren?

«Das ist reinste Logik.
Kein Mensch auf dieser Welt kann das, was IST, wegdiskutieren. Anstatt sich über das was IST aufzuregen, wäre es vernünftiger und erfolgreicher, das was IST zu akzeptieren.
Außerdem: Wenn ich das, was IST, nicht akzeptiere, dann mache ich einen Konflikt mit dem Leben, und das wirkt sich nie sehr günstig aus.
Wenn ich das, was IST, nicht akzeptiere, dann akzeptiere ich das Leben nicht. Auch das wirkt sich nicht sehr günstig aus.
Außerdem: Das was IST zu akzeptieren ist die Voraussetzung dafür, daß man das was IST auch lieben kann.
Ohne das Akzeptieren des IST-Zustandes keine Liebe.
Wir können es drehen und wenden wie wir wollen: es gibt nichts Vernünftigeres, als das was IST zu akzeptieren.»

Oktober 1997

Einleitung

7

Wo ist das LOL^2A-Prinzip angesiedelt?

Frage 7

«Dies ist die wichtigste Frage, wenn es um das Verständnis des LOL^{2}A-Prinzips geht. Obwohl bereits auf Seite 19 des Buches «Das LOL^{2}A-Prinzip» die entscheidende Bemerkung dazu steht, siedeln trotzdem die meisten Menschen das LOL^{2}A-Prinzip in der Welt der Dualität an. Wer das tut, wird niemals zu einem tieferen Verständnis des Lebens gelangen.
Das LOL^{2}A-Prinzip ist in der Welt der Einheit angesiedelt und heißt: jenseits der Dualität. Wer das LOL^{2}A-Prinzip wirklich verstehen will, muß einen geistigen Qauntensprung aus der Welt der Dualität in die Welt der Einheit machen. Die Welt der Dualität ist von Menschen gemacht; in dieser Welt wird alles in gut und böse unterteilt. Gut und böse haben aber nichts mit dem wirklichen Leben zu tun. Das Leben kann nicht urteilen, das Leben kann nicht bewerten. Urteilen und bewerten sind rein menschliche Erfindungen.

Wenn Sie das Dreieck auf der Vorderseite dieser Karte nach oben verlängern, dann haben Sie von unten her gelesen folgende Bereiche:
Die Welt der Einheit (Das LEBEN. Das Paradies.)
Die Welt der Dualität = Die moralische Kompetenz
Die Welt der sozialen Kompetenz
Die Welt der fachlichen Kompetenz

Das LOL^{2}A-Prinzip ist somit ganz, ganz unten an der Wurzel von allem angesiedelt.»

Oktober 1997

Teil 3
Liebe

5

Wie erkenne ich mein Potential?

«Es gibt zwei Möglichkeiten:

1. Ich erkenne mein Potential, indem ich mich analysiere/analysieren lasse. Das ist reines Kopfdenken; es ist begrenzt und schwierig. Analyse bedeutet Trennung.
   Trennung bedeutet Konflikt.
2. Ich erkenne mein Potential, indem ich mich liebe. Liebe bedeutet Einheit/Ganzheit. Ich nehme mich ganzheitlich – und nicht bruchstückhaft – wahr. Das ist alles.
   Dies ist der einfachste und schnellste Weg.

Sie haben die Wahl.»

Oktober 1997

Teil 3
Liebe

13

Wie bringt man sich ins Paradies?

Frage 13

«Es ist vielleicht ganz nützlich, zuerst zu wissen, wo denn das Paradies ist.

Das Paradies ist dort wo Überfluß herrscht und nicht Mangel. Und wo herrscht Überfluß? Dort wo das Leben ist. Und wo ist das Leben? Hier-und-Jetzt.

Es sind genau drei Schritte, die ins Paradies führen (analog zu den drei Teilen des LOLA-Prinzips):

Schritt 1: Nicht verurteilen.

Schritt 2: Akzeptieren des IST-Zustandes.

Schritt 3: Liebe zum IST-Zustand.

Das ist schon alles.

Das Paradies ist da. Worauf warten Sie noch?»

Oktober 1997

Teil 2
Loslassen

7

Gibt es einen Zustand, in dem keine Angst aufkommen kann?

Das LOL^{2}A-Prinzip®

«Ja!
Angst hat immer etwas mit der Zukunft zu tun. Es ist immer «Angst vor ...».
Folglich: je mehr man in der Zukunft «lebt», desto größer ist die Möglichkeit, daß Angst entstehen kann.
Ist die Zukunft weg, ist auch die Angst weg.
Und wo, in welchem Zustand ist die Zukunft weg?
Beim Leben im Hier-und-Jetzt. Im Hier-und-Jetzt gibt es keine Angst.
Angst ist eine Emotion; alle Emotionen kommen aus dem Kopf (aus dem Denken). Im Hier-und-Jetzt ist dieses Kopfdenken weg, also ist auch die Angst (und alle anderen Emotionen) verschwunden.
Das Leben im Hier-und-Jetzt ist ein emotionsloser Zustand, weil das (ur-)teilende Denken ausgeschaltet ist. (Es ist aber kein gefühlloser Zustand! Ein Gefühl ist etwas völlig anderes als eine Emotion!)
Und wenn doch Angst da ist? Dann geht es darum, die Angst nicht zu bekämpfen (Druck erzeugt Gegendruck!), sondern zu akzeptieren.»

Oktober 1997

Teil 2
Loslassen

8

Was bedeutet «Suchen»?

Das LOL²A-Prinzip®

Frage 8

«Suchen bedeutet “nicht haben”.
Nicht haben bedeutet “nicht ganz sein”. Es fehlt etwas.
Nicht ganz sein bedeutet “nicht EINS sein mit dem Leben”.
Nicht EINS sein mit dem Leben bedeutet “nicht im Hier-und-Jetzt zu sein”.

“Suchen” kreiert einen Konflikt mit dem Leben, mit dem, was IST.
Konflikte führen zu Energieverlust oder Energieblockaden.
Wer im Leben, im Hier-und-Jetzt, ist, der braucht nicht zu suchen.
Im Hier-und-Jetzt sind ALLE Informationen vorhanden!
Weshalb?
Weil das LEBEN über alle Informationen verfügt. Der Kopf muß suchen, weil er nicht alles weiß; das Herz muß nicht suchen, weil es alles weiß.»

Oktober 1997

Teil 2

Loslassen

9

Was bedeutet «Leben»?

Das LOL²A-Prinzip®

«Leben bedeutet im Hier-und-Jetzt zu sein – und nicht irgendwo in der Zukunft oder in der Vergangenheit; aber auch nicht irgendwo "dort", sondern genau "hier".
Leben heißt da zu sein, wo das Leben ist. Meistens sind wir aber nicht gerade da, wo das Leben ist. Und wo ist das Leben? Hier-und-Jetzt. Das ist die einzige Realität, die existiert; alles andere ist vom Kopf kreierte Illusion. Dieses Hier-und-Jetzt, das Leben, ist ewig, ohne Anfang und ohne Ende.
Haben Sie sich einmal überlegt, wann das JETZT beginnt und wann das JETZT endet?
Das JETZT, das LEBEN, hat keinen Anfang und kein Ende!
Es ist immer JETZT. Jetzt ist die Ewigkeit.
Wer im JETZT lebt, hat alle "Zeit" der Welt.
Wer im JETZT lebt, ist unsterblich (er ist ja in der Ewigkeit!).
Wer im JETZT lebt, verfügt über ein Maximum an Potential.»

Oktober 1997

Teil 2

Loslassen

10

In welchem Zustand verfügt der Mensch über ein Maximum an Kreativität?

Das LOL²A-Prinzip®

«Ein Maximum an Kreativität ist ausschließlich dort, wo das Leben ist; denn dort befinden sich alle Informationen.
Und wo ist das Leben? Wo sind alle Informationen? Im Hier-und-Jetzt.
Wer sich ins Hier-und-Jetzt begibt, der verfügt über ein Maximum an Potential, und zu diesem Maximum an Potential gehört logischerweise auch ein Maximum an Kreativität. Hier – und nur hier – haben wir den Zugriff auf alle Informationen.
Es handelt sich hier aber nicht um eine vom Kopf gemachte Kreativität, die in die Irre führen könnte, nein, es handelt sich hier um die Kreativität des Lebens, die sich nie irren kann.
Das Leben weiß besser als unser Kopf, welches die richtigen Ideen für uns sind. Wir müßten aber in der Lage sein, auf das Leben zu hören. Wir müßten in der Lage sein, nicht nur Fremdsprachen zu verstehen, sondern auch die Sprache des Lebens ...»

Oktober 1997

Teil 1
Aktion = Reaktion

13

Weshalb führt die Ethik unweigerlich zu Konflikten?

«Im Rahmen der Ethik wird die Welt üblicherweise sehr stark in Gut und Böse unterteilt. Jede Trennung (Teilung) erzeugt aber Konflikte – das ist eine Frage der Physik.
Die Menschheitsgeschichte zeigt eines sehr deutlich: die meisten Kriege waren Religionskriege.
Also genau dort, wo am stärksten in Gut und Böse geteilt wird, entstehen die größten Konflikte. Interessant ist, daß die Menschheit das bis heute nicht gemerkt hat. Wer gut sagt, der sagt auch böse; und schon ist der Konflikt da.
Bei diesem Thema geht mir immer ein eindrücklicher Satz des bekannten Psychoanalytikers C. G. Jung durch den Kopf. Dieser Satz lautet:
«Die Tugend ist dem Menschen gefährlicher als das Laster.»
Tugendhafte Menschen unterteilen die Welt viel stärker in Gut und Böse als lasterhafte.»

Oktober 1997

Teil 1
Aktion = Reaktion

12

Wie entsteht Reichtum und Armut?

«Reichtum und Armut entstehen nach dem Gesetz von Aktion = Reaktion. Das heißt: Wer Reichtum sät, wird Reichtum ernten. Wer Armut sät, wird Armut ernten.
Wie sät man Reichtum?
Reichtum sät man, indem man allem und jedem eine möglichst hohe Wertschätzung entgegenbringt. Wer etwas kauft und sich darüber freut, daß er wertmässig mehr bekommen hat, als die Sache gekostet hat, der sät Reichtum. Auch derjenige, der den anderen Menschen Reichtum wünscht, sät Reichtum.
Wie sät man Armut?
Wer Menschen und Dingen gegenüber Wertminderung äußert, der sät Armut. Wer behauptet, daß dieses und jenes zu teuer sei, der sät Armut. Wer immer nur das Billigste kauft, der sät Armut – er mag den anderen etwas nicht gönnen. Als Reaktion erlebt er Mangel.
Wertschätzung und/oder Wertminderung haben aber immer etwas mit sich selbst zu tun. Reichtum entsteht also letztlich, indem man sich selbst eine möglichst hohe Wertschätzung beimißt.»

Oktober 1997

Teil 2
Loslassen

12

Ist ein Leben ohne Ziele möglich?

Das LOL²A-Prinzip®

Frage 12

«Wer nicht weiß, wie das Leben funktioniert, der braucht Ziele in der Zukunft, um sich orientieren zu können.
Wer aber weiß, wie das Leben funktioniert, der kann auf Ziele in der Zukunft verzichten. Er befaßt sich dann nämlich nicht mehr mit etwas, das es gar nicht gibt (mit der Zukunft!); er befaßt sich mit der einzigen Realität, mit dem JETZT. Er orientiert sich am JETZT; sein Ziel ist das JETZT.
Wer aber von diesem JETZT nichts weiß, der muß sich an einer Illusion orientieren. Und diese Illusion heißt Zukunft. Schon der Physiker Einstein hat vor vielen Jahren festgestellt, daß die Trennung in Vergangenheit, Gegenwart und Zukunft eine Illusion ist.
Was wirklich zählt, ist das JETZT. Wem es einigermaßen gelingt, im JETZT zu leben, der erhält vom Leben Geschenke, die er früher nicht für möglich gehalten hätte.
Viele Menschen sprechen vom Hier-und-Jetzt – und setzen sich trotzdem Ziele. Das ist ein Widerspruch in sich. Entweder man lebt mit Zielen oder man lebt im Hier-und-Jetzt.»

Oktober 1997

Teil 2

Loslassen

11

Weshalb produziert ein Apfelbaum Äpfel?

«Natürlich produziert ein Apfelbaum Äpfel, weil er ein Apfelbaum ist. Er kann nicht anders. Wenn er ein Birnbaum wäre, würde er Birnen produzieren. So weit so gut.
Wie steht es aber bei Ihnen?
Im Unterschied zu einem Apfelbaum hat ein Mensch die Möglichkeit, eine Vielzahl von Dingen zu produzieren. Und das macht die Sache so schwierig. Ein Apfelbaum hat es da viel leichter. Weshalb tut der eine dies und der andere das? Weshalb üben Sie den Beruf aus, den Sie ausüben? Weil Sie der Herr Meier sind, oder weil Sie Ihren Lebensunterhalt verdienen müssen, oder weil Ihre Eltern das so wollten, oder weil eine Marktuntersuchung gezeigt hat, daß ein Bedarf für diese Art von Tätigkeit besteht?
Ist es nicht so, daß wir Menschen oft etwas tun, nicht weil wir der Herr Meier sind, sondern aus X anderen Gründen? Und schon beginnen die Probleme und Konflikte. Wir sind dann nämlich nicht mehr konkurrenzlos.
Wenn wir etwas tun würden, weil wir der Herr Meier sind, dann wären wir konkurrenzlos.
Weshalb? Weil niemand auf der ganzen Welt genau so wie der Herr Meier sein kann. Jeder Mensch auf dieser Welt ist einzigartig – sofern er er ist! Aber wer ist schon er?!
Meistens sind wir Maler, Anwalt, Mechaniker, Buchhalter, Manager, Hausfrau, etc. etc. aber selten sind wir wirklich wir.

Aber wie wird man der, der man ist? Indem man sehr viele Dinge nicht mehr tut.
Zum Beispiel: Sich nicht ständig mit anderen vergleichen.
Sich nicht ständig analysieren (das macht der Kopf).
Sich nicht verurteilen (= keine Schuldgefühle).
Sich so zu akzeptieren, wie man ist.
Sich so zu lieben, wie man ist.»

Oktober 1997

Teil 3
Liebe

4

Hat die Liebe etwas mit Emotionen zu tun?

«Nein, gar nichts.
Bedingungslose Liebe ist emotionslos.
Alle Emotionen – ohne Ausnahme! – kommen aus dem Kopf. Weshalb? Alle Emotionen entstehen aus dem Urteilen und Werten – und das macht ausschließlich der Kopf. Der Kopf trennt permanent. Aus dem Urteilen/Trennen entstehen die Emotionen.
Das Herz kann nicht urteilen/werten/trennen. Bedingungslose Liebe kann nicht urteilen; folglich ist bedingungslose Liebe emotionslos – aber nicht gefühllos!
Bedingungslose Liebe ist ein Gefühl der Einheit, das von Innen kommt. Dieses Gefühl der Einheit ist unabhängig von äußeren Dingen.
Anmerkung: die bedingte Liebe hat sehr viel mit Emotionen zu tun. Die bedingte Liebe urteilt/trennt ganz stark. Denken Sie zum Beispiel an die zahlreichen unterschiedlichen Ernährungslehren. Dort wird oft ganz stark geurteilt und verurteilt. Das führt teilweise zu gewaltigen Emotionen. Das hat sehr viel mit bedingter Liebe, aber rein gar nichts mit bedingungsloser Liebe zu tun. Bedingte Liebe kreiert Konflikte; bedingungslose Liebe kreiert keine Konflikte und ist deshalb viel ökonomischer.»

Oktober 1997

Einleitung

5

Kann es bei der Umsetzung des LOL^{2}A-Prinzips Schwierigkeiten geben?

«Es kann.
Und zwar insbesondere dann, wenn man
a) das LOL^{2}A-Prinzip als Methode zum Erreichen gewisser Ziele benutzt und
b) das LOL^{2}A-Prinzip mit Methoden und Techniken mischt
c) nicht diszipliniert mit den vom LOL^{2}A-Prinzip beschriebenen Gesetzmäßigkeiten umgeht.

Wer weiß, wie das Leben funktioniert und sich trotzdem nicht entsprechend verhält, der muß mit unangenehmen Reaktionen rechnen. Wissen ist immer auch mit Verantwortung verbunden; und wer diese Verantwortung nicht wahrnimmt, stürzt sich in Schwierigkeiten.
Wer heute vom LOL^{2}A-Prinzip überzeugt und begeistert ist und morgen mit Hilfe irgendwelcher Methoden Ziele, die aus seinem Kopf kommen, erreichen will, der braucht sich über Probleme nicht zu wundern.
Wer etwas Unbegrenztes, DAS LEBEN, mit etwas Begrenztem, einer Methode, mischt, der kreiert Konflikte.
Das Leben ist keine Methode, die man nach Lust und Laune für seine persönlichen, egoistischen Zwecke einsetzen kann.»

Oktober 1997

Teil 3

Liebe

6

Was ist die Ursache alle Probleme und Konflikte?

Das LOL²A-Prinzip®

«Die Trennung.
Überall dort, wo wir trennen, entstehen Probleme und Konflikte.
Überlegen Sie für sich, wo Sie überall Trennung herstellen. (Gemäß den neuesten Erkenntnissen der Atomphysik gibt es nirgendwo Trennung.)

Die wohl folgenschwerste Trennung, die sich der Mensch einfallen ließ, ist die Trennung in Gut und Böse. Daraus entstehen letztlich alle Kriege.
Eine weitere folgenschwere Trennung ist die Trennung in Vergangenheit, Gegenwart und Zukunft. Diese Trennung kreiert große Probleme.
Andere Trennungen sind: Raucher – Nichtraucher, Christen – Buddhisten, arm – reich, etc. etc.
Wie löst man folglich Probleme und Konflikte?
Indem man die Trennung aufhebt. Und wie hebt man die Trennung auf?
Durch mehr (bedingungslose) Liebe! Die Liebe trennt nicht.
Ist das zu einfach? Versuchen Sie es.»

Oktober 1997

Teil 3
Liebe

7

Was bedeutet es, wenn man etwas verändern will?

«Wenn ich etwas verändern will, heißt das, daß ich etwas nicht akzeptiert habe.
Wenn ich etwas nicht akzeptiert habe, heißt das, daß ich es nicht losgelassen habe.
Wenn ich es nicht losgelassen habe, heißt das, daß es sich nicht verändern kann!
Und wenn ich etwas verändern will, heißt das, daß ich das Leben verändern will.
Alle Methoden und Techniken, mit denen ich etwas verändern will, sind folglich eine Kritik am Leben. Erinnern Sie sich an die Gesetzmäßigkeit «Aktion = Reaktion»? Wer das Leben kritisiert, der muß damit rechnen, daß auch er kritisiert wird.
Unser Kopf hat noch immer nicht begriffen, daß wir nicht hier (auf diesem Planeten) sind, um etwas zu verändern – wir sind hier, um zu leben! Und leben heißt lieben!
Leben heißt, das was ist zu lieben und nicht zu verändern. Die Idee des Veränderwollens widerspricht der Idee der Liebe.»

Oktober 1997

Teil 3
Liebe

8

Wohin führt ein Mangel an Liebe?

«Ein Mangel an Liebe führt noch und noch zu Konflikten. Das Leben wird mühsam und anstrengend. Es führt zu Kampf; und Kampf ist nicht ökonomisch. Kampf kostet viel Geld, Zeit und Energie.

Der Kopf mit seinem Mangel an Liebe glaubt, er müsse sich alles im Leben erkämpfen oder zumindest erarbeiten.

Der Kopf hat Mühe zu verstehen, daß er alles vom Leben geschenkt bekommen würde, wenn er sich lebensgerecht verhalten würde. Ein Mangel an Liebe ist ein lebensfeindliches Verhalten. Wer sich lebensfeindlich verhält (= Aktion), der braucht sich nicht darüber zu wundern, wenn er vom Leben keine Geschenke bekommt (= Reaktion) und sich statt dessen alles mühsam erarbeiten muß.»

Oktober 1997

Teil 3
Liebe

9

Was bewirkt die Dankbarkeit?

«Dankbarkeit ist wohl die weiseste Aktion, die man dem Leben gegenüber machen kann. Es ist nämlich außerordentlich angenehm, wenn mir das Leben danke sagt.
Ebenso wie es außerordentlich unangenehm ist, wenn mir das Leben "Nein, danke" sagt.
Dankbarkeit allem und jedem gegenüber ist die Manifestation bedingungsloser Liebe.
Diese Dankbarkeit bringt mich in die Einheit mit dem Überfluß des Lebens. Undank bewirkt Mangel; Dankbarkeit bewirkt Überfluß an allem.»

Oktober 1997

Teil 3
Liebe

10

Was muß ich tun, um geliebt zu werden?

Das LOL²A-Prinzip®

«Im Prinzip nichts.
Es genügt, sich so zu akzeptieren, wie man ist.
Es genügt, sich so zu lieben, wie man ist.
Das ist schon alles. Das ist nicht sehr anstrengend, nicht wahr?
Und trotzdem gibt es viele Menschen, welche sich Tag für Tag anstrengen, um von anderen geliebt zu werden. Und es funktioniert doch nie richtig. Auf diese Art ist es ein ewiger Kampf um Liebe.
Der Kampf hört sofort auf, wenn man beginnt, sich selbst zu lieben. Und zwar ohne die leiseste Idee, sich verändern zu müssen. Wenn zuerst die Idee der Veränderung da ist, bevor ich mich lieben kann, dann hat das nichts mit bedingungsloser Liebe zu tun.
Jeder Mensch – jeder – wird vom LEBEN geliebt, was immer er auch getan hat. Nur Menschen verurteilen andere Menschen, das LEBEN (Gott) verurteilt nie.»

Oktober 1997

Teil 3
Liebe

11

Gibt es ein Leben vor dem Tod?

«Für die meisten Menschen gibt es kein Leben vor dem Tod. Daher kommt doch die oft gehörte Frage, ob es wohl ein Leben nach dem Tod gibt. Wer vor dem Tod nicht lebt, den interessiert es natürlich sehr, ob es denn wenigstens nach dem Tod ein Leben gibt.
Wenn Leben Überfluß bedeutet, dann ist es doch offensichtlich, daß es auf diesem Planeten für die Mehrheit der Menschen kein Leben vor dem Tod gibt. Wer Mangel leidet, hat sich vom Leben entfernt – er lebt nicht wirklich.
Der Entscheid über Leben oder Nicht-Leben liegt bei jedem einzelnen Menschen. Es ist der Entscheid, ob er Hier-und-Jetzt sein (leben!) will oder ob er sich lieber mit der Zukunft oder mit der Vergangenheit beschäftigen will.
Leben heißt Liebe zum JETZT. Und wer hat das schon?
Leben heißt Vertrauen ins JETZT. Und wer hat das schon?
Das ganze LOLA-Prinzip befaßt sich mit der Frage nach dem Leben vor dem Tod.
Ein Leben vor dem Tod ist möglich!»

Oktober 1997

Teil 3

Liebe

12

Was ist der Unterschied zwischen einer Emotion und einem Gefühl?

Das LOL²A-Prinzip®

«Jede Emotion kommt aus dem Kopf, aus dem Urteilen, aus dem Bewerten – und das kann allein der Kopf. Also sind Emotionen immer von der Bewertung äußerer Dinge abhängig.
Das Herz kann per Definition nicht urteilen, also können Emotionen nie aus dem Herz kommen.
Aus dem Herz kommen Gefühle. Gefühle kommen von Innen; Gefühle sind ganzheitlich, weil sie nicht aus dem trennenden Denken des Kopfes kommen. Gefühle kommen aus dem Nicht-Urteilen, aus dem Nicht-Bewerten, aus der Liebe zu allem.
Wenn ich mich freue, weil ich mich freue (grundlos), dann ist das ein Gefühl. Wenn ich mich aber freue, weil ich im LOTTO gewonnen habe (das macht bekanntlich der Kopf), dann ist das eine Emotion.»

Oktober 1997

Einleitung

1

Was ist der Sinn dieses Minikurses?

«Dieser LOL^{2}A-Minikurs basiert auf dem Buch ‹Das LOL^{2}A-Prinzip› sowie auf dem entsprechenden Seminar. Es kann damit eine Vertiefung des Themas erreicht werden. Obwohl das LOL^{2}A-Prinzip oberflächlich betrachtet sehr einfach aussieht, genügt wahrscheinlich ein Leben nicht, um sich ganz mit der Thematik vertraut zu machen.

Um möglichst viel von diesem Kurs zu profitieren, empfehlen wir folgendes Vorgehen:

1. Lesen der Frage.
2. Überlegen und niederschreiben der eigenen Antwort.
3. Eigene Antwort mit der Antwort in diesem Minikurs vergleichen.
   Nachdenken über jene Punkte, wo die beiden Antworten voneinander abweichen.
4. Zu einem späteren Zeitpunkt die Punkte 1–3 wiederholen.
   Idealerweise beschäftigen Sie sich jede Woche mit einer anderen Frage.

Man kann diesen Minikurs beispielsweise systematisch von der ersten bis zur letzten Frage durcharbeiten (eine Frage pro Woche). Oder man kann nach dem ‹Zufallsprinzip› eine Frage ziehen und sich dann mit dieser Frage beschäftigen. Der LOL^{2}A-Minikurs eignet sich natürlich auch, um in kleineren Gruppen über das LOL^{2}A-Prinzip zu diskutieren.»

Oktober 1997

Einleitung

2

Was ist das LOL^{2}A-Prinzip?

«Das LOL^{2}A-Prinzip ist keine neue Methode und keine Philosophie, nein, es ist ganz einfach die Beschreibung der universellen Gesetzmäßigkeiten des Lebens, denen ausnahmslos jeder Mensch unterworfen ist – ob er will oder nicht.
Diese Gesetzmäßigkeiten sind unveränderlich: sie waren, sie sind, sie werden sein.
(Im Unterschied zu einer Methode.)
Diese Gesetzmäßigkeiten sind unbegrenzt: sie sind immer und überall wirksam.
(Im Unterschied zu einer Methode.)
Diese Gesetzmäßigkeiten sind nicht vom Menschen erfunden worden.
(Im Unterschied zu einer Methode.)

Das LOL^{2}A-Prinzip besteht aus folgenden drei Teilen:

Aktion = Reaktion:	Jeder Gedanke kehrt zum Sender zurück. Was der Mensch sät, das wird er ernten.
Loslassen:	Das Leben fließen lassen, indem man das was IST akzeptiert.
Liebe:	Bedingungslose Liebe für alles was IST.

Letztlich beschreibt das LOL^{2}A-Prinzip haargenau, wie man mit dem Leben und nicht gegen das Leben geht.»

Oktober 1997

Einleitung

3

Woher kommt das LOL²A-Prinzip?

«Das LOL^{2}A-Prinzip ist ein Geschenk des Lebens nach langen Jahren der Frustration und des Kampfes gegen dieses Leben.
Das LOLA-Prinzip ist die Frucht der Beobachtung des eigenen Lebens, der Probleme und Schwierigkeiten, aber auch der Erfolge.
Zu jedem der drei Teile des LOL^{2}A-Prinzips habe ich ein Schlüsselerlebnis aus meinem eigenen Leben.
Das bedeutet: jeder Mensch ist in der Lage – sofern er will – die Gesetzmäßigkeiten des Lebens in seinem eigenen Leben zu entdecken.
Und das wiederum bedeutet: er braucht niemandem zu glauben. Er kann das, was im LOL^{2}A-Prinzip beschrieben ist, in seinem eigenen Leben testen.»

Oktober 1997

Einleitung

4

Was bringt mir das LOL²A-Prinzip?

«Das LOLA-Prinzip gibt u.a. Antwort auf folgende Fragen:

> Was bedeutet Leben?
> Was ist der Sinn des Lebens?
> Wie verhalte ich mich lebensgerecht?
> Wie lebe ich zufrieden und glücklich?
> Wie finde ich die richtigen Ziele und wie erreiche ich diese mit einem Minimum an Zeit und Energieaufwand?

Wer gegen die fundamentalen Lebensgesetzmäßigkeiten verstößt, der kreiert Konflikte mit dem Leben, und das ist nie angenehm. Je stärker diese einfachen Gesetzmäßigkeiten mißachtet werden, desto mehr Aufwand (Kampf) ist erforderlich, um trotzdem erfolgreich zu sein.
Wer die Gesetzmäßigkeiten kennt, wer mit dem Leben geht, der öffnet sich dem Überfluß des Lebens. Er erhält ohne Kampf vom Leben Geschenke, die er sich nie zu erträumen gewagt hätte.
Das Leben ist Überfluß – und wer mit dem Leben geht, der lebt folglich im Überfluß.»

Oktober 1997

Teil 2
Loslassen

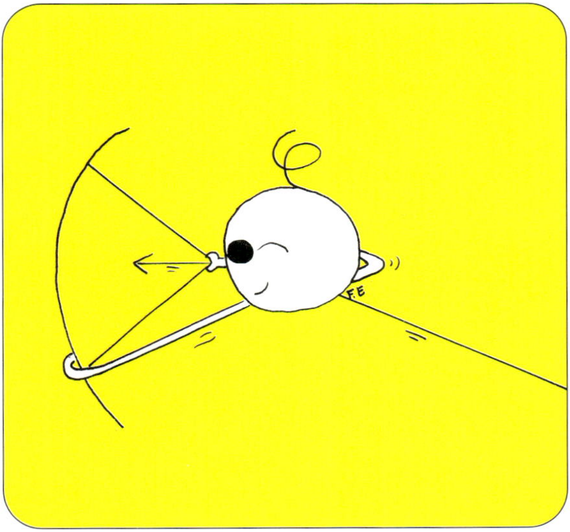

6

Was bedeutet Loslassen?

Das LOL^{2}A-Prinzip®

«Loslassen bedeutet das zu akzeptieren, was IST.
Das wiederum bedeutet, daß man das Leben akzeptiert.
Das, was IST, ist das Leben.
Den IST-Zustand kann man aber nur dann akzeptieren, wenn man ihn nicht verurteilt.
Wer losläßt, bringt sich damit ins Leben, ins Hier-und-Jetzt.
Wer losläßt, maximiert folglich sein Potential.
Wer losläßt, läßt das Leben fliessen.
Beim Loslassen handelt es sich somit ganz klar um Physik: Festhalten erzeugt Blockaden, Loslassen löst die Blockaden.
Das "Geheimnis" besteht darin, mit dem Leben, mit dem IST-Zustand, keine Konflikte zu kreieren.
Festhalten blockiert den IST-Zustand und Loslassen ermöglicht es dem Leben zu fliessen.
Loslassen bedeutet aber nicht, zu allem "Ja-und-Amen" zu sagen. Es bedeutet das, was IST, zu respektieren.
Beispiel: Ich akzeptiere, daß der XY eine andere Meinung hat als ich. Trotzdem darf ich zu meiner von XY abweichenden Meinung stehen.»

Oktober 1997

Teil 2
Loslassen

5

Gibt es die totale Sicherheit?

«Es gibt nirgendwo die totale Sicherheit. Außer im Leben!
Wer sich außerhalb des Lebens befindet, lebt in totaler Unsicherheit.
Wer sich im Leben befindet, wer mit dem Leben geht, der lebt in totaler Sicherheit.
Folglich: je weiter man sich vom Leben (vom Hier-und-Jetzt) entfernt, desto unsicherer ist das Leben und desto mehr scheinbare Sicherheiten muß sich der Mensch zulegen.
Diese scheinbaren Sicherheiten sind eine Illusion.
Die totale Sicherheit befindet sich im Hier-und-Jetzt.»

Oktober 1997

Teil 2
Loslassen

1

Wann ist ein Mensch unbesiegbar?

Das LOL²A-Prinzip®

«Ein Mensch ist natürlich dann unbesiegbar, wenn er sich mit dem Leben verbündet.
Es gibt nichts Mächtigeres als das Leben.
Wenn sich ein Mensch mit dem Leben verbündet, verfügt er folglich über ein Maximum an Potential und ist somit unbesiegbar.
Das LOL^{2}A-Prinzip beschreibt haargenau, wie sich jeder Mensch mit dem Leben verbünden kann – wenn er will.»

Oktober 1997

Teil 2
Loslassen

2

Woraus besteht das menschliche Potential?

Das LOL^2A-Prinzip®

«Das Potential eines jeden Menschen besteht aus:

Energie und Intelligenz.

Energie: ohne Energie kann keine Arbeit verrichtet werden; je größer die Energie, desto größer die Leistung, die erzielt werden kann.
Intelligenz: damit ist hier die universelle Intelligenz des Lebens gemeint (auf keinen Fall ist damit das Wissen gemeint, das wir in unseren Köpfen anhäufen). Diese universelle Intelligenz hilft uns, immer und überall die richtigen Entscheidungen zu treffen. Es könnte ja im Leben eines Menschen ganz nützlich sein, immer – oder zumindest möglichst oft – die richtigen Entscheidungen zu treffen.»

Oktober 1997

Teil 2
Loslassen

3

Was bedeutet
«Leben im Hier-und-Jetzt»?

«Leben im Hier-und-Jetzt bedeutet dort zu sein, wo das Leben ist. Das Leben ist Hier-und-Jetzt – und nirgendwo sonst. Aber meistens sind wir nicht gerade da, wo das Leben ist, weil wir "dort" und/oder "dann" sind. Dieses Hier-und-Jetzt ist ein unglaublich kleiner Punkt. Wer von Tag zu Tag lebt, hat sich dem Leben schon gewaltig angenähert, aber er ist noch lange nicht im Hier-und-Jetzt. Leben im Hier-und-Jetzt würde bedeuten, jeden winzig kleinen Augenblick bewußt zu leben, voll bewußt DA zu SEIN.
Leben im Hier-und-Jetzt würde auch bedeuten, nicht in der Vergangenheit oder in der Zukunft "rumzuhängen". Beispielsweise haben Zukunftsplanung und Karriereplanung nichts mit dem Hier-und-Jetzt zu tun. Da es keine Zeit gibt, bedeutet Zukunftsplanung die Planung von etwas, das es gar nicht gibt … Interessant. Nicht wahr?

Wer da ist, wo das Leben ist, der lebt im Überfluß. Leben ist bekanntlich Überfluß und nicht Mangel. Wer Mangel leidet, hat sich vom Leben (vom Hier-und-Jetzt) getrennt.»

Oktober 1997

Teil 2

Loslassen

4

In welchem Zustand verfügt der Mensch über ein Maximum an Potential?

Das LOL²A-Prinzip®

«Jeder Mensch verfügt dann über ein Maximum an Potential (Energie und Intelligenz), wenn er mit dem Leben geht und das bedeutet: wenn er im Hier-und-Jetzt lebt.
Nur in diesem klitzekleinen Punkt des Hier-und-Jetzt verfügt der Mensch über ein Maximum an Energie (Lebensenergie) und Intelligenz (Lebensintelligenz).
In dieses Hier-und-Jetzt kommt der Mensch nur dann, wenn er den Augenblick (= das, was IST) nicht verurteilt (weder gut noch schlecht). Wer einen bestimmten IST-Zustand verurteilt, der verurteilt das Leben; er katapultiert sich vom Leben weg; er katapultiert sich vom Überfluß weg.
Ein Maximum an Potential hat der Mensch nicht dann, wenn er kämpft; ganz im Gegenteil: im Zustand des Hier-und-Jetzt kämpft man nicht gegen den IST-Zustand und man kämpft nicht für den SOLL-Zustand. Der Kampf hat ein Ende. Und trotzdem – oder gerade deswegen – ist ein Maximum an Potential vorhanden.»

Oktober 1997

Das Verlagsprogramm der Editions d'Olt

Bücher

1. Das LOL²A-Prinzip: Die Vollkommenheit der Welt
   ISBN-Nr.: 3-9520606-0-7
2. Die Geschichte vom Großen und Kleinen Ich
   ISBN-Nr.: 3-9520606-4-X
3. Das LOL²A-Prinzip: Die Formel für Reichtum
   ISBN-Nr.: 3-9520606-3-1

Audio-Kassetten

4. LOL²A-Dialog 1: Ein Interview von Robert Bullinger mit René Egli
   ISBN-Nr.: 3-9520606-1-5
5. LOL²A-Dialog 2: Ausschnitte aus dem LOLA-Workshop «Reichtum und Geld» 1997 in München
   ISBN-Nr.: 3-905586-02-9

LOL²A-Karten

6. Paket zu 7 Karten (inkl. Umschläge) mit 7 verschiedenen Motiven
   ISBN-Nr.: 3-9520606-5-8

LOL²A-Puppe

7. Das Große und Kleine Ich in Form einer Puppe zur Demonstration der Funktionsweise des Lebens
   Höhe: ca. 35 cm

LOL²A-Impulse

8. Die LOL²A-Impulse erscheinen alle 2 Monate.
   Inhalt: Fallbeispiele und Anregungen aus der Praxis zur Umsetzung des LOL²A-Prinzips.
   Umfang: 6 Seiten A4.

Editions d'Olt
Rainstr. 21
CH-8955 Oetwil a. d. L.

Das Verlagsprogramm der Editions d'Olt

Bücher

1. Das LOL^{2}A-Prinzip: Die Vollkommenheit der Welt
   ISBN-Nr.: 3-9520606-0-7
2. Die Geschichte vom Großen und Kleinen Ich
   ISBN-Nr.: 3-9520606-4-X
3. Das LOL^{2}A-Prinzip: Die Formel für Reichtum
   ISBN-Nr.: 3-9520606-3-1

Audio-Kassetten

4. LOL^{2}A-Dialog 1: Ein Interview von Robert Bullinger mit René Egli
   ISBN-Nr.: 3-9520606-1-5
5. LOL^{2}A-Dialog 2: Ausschnitte aus dem LOLA-Workshop «Reichtum und Geld» 1997 in München
   ISBN-Nr.: 3-905586-02-9

LOL^{2}A-Karten

6. Paket zu 7 Karten (inkl. Umschläge) mit 7 verschiedenen Motiven
   ISBN-Nr.: 3-9520606-5-8

LOL^{2}A-Puppe

7. Das Große und Kleine Ich in Form einer Puppe zur Demonstration der Funktionsweise des Lebens
   Höhe: ca. 35 cm

LOL^{2}A-Impulse

8. Die LOL^{2}A-Impulse erscheinen alle 2 Monate.
   Inhalt: Fallbeispiele und Anregungen aus der Praxis zur Umsetzung des LOL^{2}A-Prinzips.
   Umfang: 6 Seiten A4.

Editions d'Olt
Rainstr. 21
CH-8955 Oetwil a. d. L.

Teil 1
Aktion = Reaktion

2

Weshalb kann Kampf nie und nimmer zur Lösung von Problemen führen?

Das LOL^2A-Prinzip®

«Kampf erzeugt Gewinner und Verlierer. Wo ein Verlierer zurückbleibt, bleibt Aggression zurück, die sich eines Tages entladen wird. Das Problem ist also nicht gelöst. Wir meinen zwar oft, daß mit Hilfe des Kampfes Probleme gelöst werden können; dies ist aber immer eine sehr kurzfristige Betrachtungsweise.

Kampf ist letztlich immer ein Kampf gegen das Leben. Und wer ist wohl stärker: das Ego eines Menschen oder das Leben?

Kein Mensch kann das Leben besiegen; das war vor tausend Jahren nicht möglich, das ist heute nicht möglich und das wird in tausend Jahren nicht möglich sein.

Kampf ist total unlogisch und unökonomisch. Mit Kampf wurde noch nie ein Problem gelöst (weil das Leben stärker ist). Gemäß Aktion = Reaktion gilt außerdem folgender Satz: **«Wer Kampf sät, wird Kampf ernten.»** Was säen Sie?

Kampf entspringt immer einer inneren Schwäche (Angst). Wer innerlich stark ist, braucht nicht zu kämpfen.

Außerdem ist Kampf ein großes Risiko: Was tun Sie, wenn der Gegner stärker ist als Sie?

Wer sich mit dem Leben verbündet, geht kein solches Risiko ein, weil es nichts Stärkeres gibt als das Leben. Das Leben ist unbesiegbar.»

Oktober 1997

Teil 1

Aktion = Reaktion

3

Was bedeutet die Aussage «Alles ist Energie»?

Das LOL²A-Prinzip®

«Alles ist Energie bedeutet, daß auch das, was für unsere materiellen Augen nicht sichtbar ist, Energie ist: also auch unsere Gedanken.
Somit sind unsere Gedanken nicht “nichts”, sondern Energie. Und Energie hat Auswirkungen.
Wer denkt, der sendet Energie aus. (Analogie: Radiowellen).
Gemäß dem Gesetz von Aktion = Reaktion kommen diese Gedanken (diese Energie) zum Sender zurück.
Die Gedanken aller Mitarbeiter eines Unternehmens summieren sich zu einem Energiepotential, das materielle Auswirkungen hat.
Die Gedanken aller Menschen eines Volkes summieren sich zu einem Energiepotential, das noch größere Auswirkungen hat.
Und die Gedanken aller Menschen auf dem Planeten Erde summieren sich zu einem noch viel größeren Energiepotential, das gewaltige materielle Auswirkungen hat.

Man kann also ein Unternehmen oder ein Volk – und natürlich auch sich selbst – zum Erfolg oder Mißerfolg denken. Jeder Gedanke der Aggression oder der Liebe, den ein Mensch vor dem Fernseher oder beim Zeitunglesen denkt, addiert sich zu den Gedanken der anderen Menschen – und führt zu einer bestimmten materiellen Realität.
Was denken Sie?»

Oktober 1997

Teil 1
Aktion = Reaktion

4

Was geschieht, wenn ich mein Denken auf eine bestimmte Sache lenke?

Das LOL^{2}A-Prinzip®

«Wenn ich mein Denken auf eine bestimmte Sache lenke, dann gebe ich dieser Sache Energie und das bedeutet: diese Sache vergrößert sich.

Welcher Sache geben Sie Energie?
Worauf lenken Sie Ihr Denken?

Wer an Krankheit denkt, gibt der Krankheit Energie.
Wer an Gefahr denkt, gibt der Gefahr Energie.
Wer an die Arbeitslosigkeit denkt, gibt der Arbeitslosigkeit Energie.
Wer an das Drogenproblem denkt, gibt dem Drogenproblem Energie.
Wer an Armut denkt, gibt der Armut Energie.
Wer an Reichtum denkt, gibt dem Reichtum Energie.
Wer an Vollkommenheit denkt, gibt der Vollkommenheit Energie.
Wer an Schönheit denkt, gibt der Schönheit Energie.
Wer an Überfluß denkt, gibt dem Überfluß Energie.»

Oktober 1997

Teil 1
Aktion = Reaktion

5

Was ist das zentrale Problem des Menschen?

«Das Unterteilen in Gut und Böse. Das ständige Verurteilen also.
Wer verurteilt, teilt. Er teilt das Leben in zwei Teile und das bedeutet immer Konflikt. Und wenn die Konflikte größer werden, dann entstehen Kriege. Alle Kriege – ohne Ausnahme – entstehen aus dem Unterteilen in Gut und Böse.
Es ist aber noch gravierender: Wer einen anderen Menschen oder eine Sache verurteilt, der verurteilt nicht einfach einen Menschen oder eine Sache, nein, er verurteilt das Leben!
Wer das Leben verurteilt, der wird gemäß Aktion = Reaktion auch verurteilt – und das ist nicht sehr angenehm.
Das Unterteilen in Gut und Böse ist kein Naturgesetz; es ist eine menschliche Erfindung, die nichts als Probleme kreiert. Das Leben kann nicht verurteilen; die Liebe kann nicht verurteilen.
Das Leben ist weder gut noch schlecht; das Leben IST.
Wir könnten uns augenblicklich in das Leben katapultieren, wenn wir mit dem ständigen Unterteilen in Gut und Böse aufhören würden.»

Oktober 1997

Teil 1
Aktion = Reaktion

6

Wie macht man sich zu einem machtlosen Menschen?

Das LOL²A-Prinzip®

«In dem Moment, wo man sich als Opfer betrachtet und somit die Verantwortung für eine Situation nicht übernimmt, macht man sich zu einem machtlosen Menschen.
Wollen Sie das?
Ob jemand Opfer sein will oder nicht, entscheidet er selbst. Viele Menschen lieben das Opferspiel, weil sie dann von anderen Menschen bemitleidet werden. Es ist aber ein sehr gefährliches Spiel: es kann nämlich sein, daß man sich irgendwann sogar als Opfer des Lebens betrachtet. Und das wäre natürlich eine gravierende Verurteilung des Lebens.
Wer das Leben verurteilt, verurteilt sich selbst.

Jedesmal wenn wir Verantwortung abgeben, geben wir Macht ab. Umgekehrt machen wir uns zu einem machtvollen Menschen, wenn wir die Verantwortung für alles was uns geschieht übernehmen.
Niemand kann Lebenschampion werden, wenn er überall die Verantwortung abschiebt. Sie machen sich aber zu einem machtvollen Wesen, wenn Sie für alles, was in Ihrem Leben geschieht, die Verantwortung übernehmen.»

Oktober 1997

Teil 1

Aktion = Reaktion

7

Was bedeutet der Satz «Was der Mensch sät, das wird er ernten»?

«Mit der Saat sind unsere Gedanken gemeint.
Wir säen also jeden Tag von morgens bis abends. Und was wir säen, das werden wir ernten – oder anders ausgedrückt: das kommt zu uns zurück.
Wer den anderen Menschen Erfolg wünscht (= Erfolg sät), wird Erfolg ernten.
Wer Friede sät, wird Friede ernten.
Wer Kritik sät, wird Kritik ernten.
Wer Liebe sät, wird Liebe ernten.
Wer Sturm sät, wird Sturm ernten.

Im menschlichen Leben ist es so wie in der Landwirtschaft: zuerst muß gesät werden, bevor man ernten kann.
Interessanterweise «funktionieren» aber viele Menschen genau umgekehrt. Sie sind bereit, den anderen Erfolg zu wünschen (zu gönnen), wenn Sie selber erfolgreich sein werden. Wie jeder Landwirt weiß, kann es auf diese Art und Weise nie funktionieren. Man muß zuerst säen, bevor man ernten kann.
Was säen Sie?»

Oktober 1997

Teil 1
Aktion = Reaktion

8

Weshalb ist jeder Mensch grundsätzlich unvorstellbar mächtig?

Das LOL²A-Prinzip®

Frage 8

«Jeder Mensch ist aus folgenden drei Gründen unvorstellbar mächtig:

1. Er verfügt über den freien Willen, d.h. er kann denken, was er will.
   (Das hat mit Freiheit und mit Macht zu tun.) Niemand kann Sie zwingen, etwas anderes zu denken als das, was Sie wollen.
2. Durch die Gedankensaat (= Aktion) kann er die Ernte (= Reaktion) beeinflussen.
3. Es gibt keine objektive Welt. Die Welt ist das, was jeder einzelne Mensch von der Welt denkt. Und das bedeutet: der Mensch ist nie das Opfer einer schlechten oder guten Welt. **(Da es keine objektive Welt gibt, gibt es auch keine objektiv gute oder schlechte Welt!)**

Dies alles bedeutet Macht, Macht und nochmals Macht. Aber es geht hier nicht um Macht über andere Menschen, sondern um Macht über das eigene Leben. Um Souveränität.
Der Mensch besitzt sogar die Macht, sich zu einem völlig schwachen Menschen (= Opfer) zu machen. Zahlreiche Menschen machen von dieser Macht ausgiebig Gebrauch.»

Oktober 1997

Teil 1
Aktion = Reaktion

9

Weshalb ist jeder Mensch für alles verantwortlich, das ihm geschieht?

Das LOL²A-Prinzip®

«Der Grund dafür ist einfach: Weil das, was uns geschieht, die Reaktion (=Ernte) ist auf das, was wir gesät haben.

Gemäß unserem freien Willen können wir säen, was wir wollen. Niemand kann uns dazu zwingen, etwas zu säen (denken), das wir nicht ernten wollen. Folglich gibt es keinen Zufall.

Alles hat seine Ursache in unserem vergangenen Denken (oder in der Weisheit des Lebens! Siehe dazu das Kapitel über das Loslassen.) Oft ist es natürlich so, daß wir uns nicht mehr an das erinnern, was wir vor langer Zeit einmal gedacht haben. Das heißt: wir sind nicht immer in der Lage, die Beziehung zwischen unserem Denken (in der Vergangenheit) und dem, was uns heute geschieht, herzustellen. Wenn wir diese Beziehung nicht herstellen können (und wenn wir die Sprache des Lebens nicht verstehen), neigen wir dazu, Dinge, die uns heute geschehen, als Zufall zu bezeichnen. Es gibt aber keinen Zufall im Leben.

Das Beste, was der Mensch im Interesse seiner Entwicklung tun könnte, ist, die Verantwortung für all das zu übernehmen, was ihm geschieht.»

Oktober 1997

Teil 1
Aktion = Reaktion

10

Was bedeutet der Satz «Ich bin verantwortlich»?

Das LOL²A-Prinzip®

«Ich bin verantwortlich» bedeutet: Ich habe Macht.
«Ich bin nicht verantwortlich» bedeutet: Ich bin ohnmächtig.
Wer verantwortlich ist, kann etwas ändern (=er hat Macht). Wer nicht verantwortlich ist, kann nichts ändern (=er ist machtlos).
Verantwortlich zu sein hat nichts damit zu tun, daß man schuldig ist. Das Wort «schuldig» gehört in den Bereich der Moral; das Leben, das LOL^{2}A-Prinzip, kennt aber keine Moral.
Moral ist von Menschen gemacht, um andere Menschen zu beherrschen, zu verurteilen. Um anderen Menschen ein schlechtes Gewissen einzuimpfen. (Wer ein schlechtes Gewissen hat, ist leichter manipulierbar.)»

Oktober 1997

Teil 1
Aktion = Reaktion

11

Ist die Welt vollkommen oder unvollkommen?

«Da es keine objektive Welt gibt, ist die Welt das, was Sie von ihr denken.
Ist das nicht wunderbar?
Wenn Sie denken, daß die Welt vollkommen ist, dann ist das für Sie so.
Wenn Sie denken, daß die Welt unvollkommen ist, dann ist das für Sie so.
Spüren Sie die Macht, die Sie haben?
Vergessen Sie Folgendes nie: Was immer Sie denken ist eine Aktion, die zu einer entsprechenden Reaktion führen wird.
Was denken Sie?»

Oktober 1997

Teil 1
Aktion = Reaktion

1

Wie lautet der radikalste Grundsatz, wenn es darum geht, zufrieden, glücklich und erfolgreich zu leben?

Das LOL²A-Prinzip®

«Der radikalste Grundsatz lautet: eine Änderung – jede Änderung – muß bei mir beginnen.
Und bei mir heißt: in meinem Denken.
«Wenn jeder vor seiner eigenen Türe wischen würde, dann wäre überall gewischt.»
Konflikte entstehen dann, wenn die Menschen vor der Türe der anderen wischen.

Und wie sollte mein Denken aussehen?
Es gibt wohl kaum etwas Radikaleres als dies: Jeden Augenblick als vollkommen zu betrachten. Das bedeutet eine gewaltige Wertschätzung dem Leben gegenüber.»

Oktober 1997

Einleitung

6

Ist das LOL²A-Prinzip eine Methode, eine Philosophie oder eine neue Religion?

Das LOL²A-Prinzip®

«Das LOL²A-Prinzip ist weder eine Methode noch eine Philosophie.
Eine Methode ist immer begrenzt und von Menschen erfunden. Das LOL²A-Prinzip ist unbegrenzt und nicht von Menschen gemacht.
Über eine Philosophie kann man schön philosophieren.
Das LOL²A-Prinzip dient nicht dem Philosophieren, das LOLA-Prinzip dient dem Leben.
Das LOL²A-Prinzip ist Leben pur.
Und wenn man Religion als re-ligio (= Rückbindung an das Leben) betrachtet, dann ist das LOL²A-Prinzip Religion in Reinkultur.
Außerdem ist das LOL²A-Prinzip das Gegenteil einer Sekte. Sekten machen abhängig; das LOL²A-Prinzip hilft aber den Menschen, total frei und unabhängig zu werden.»

Oktober 1997